Уређује
Новица Тадић

Ликовна опрема
Добрило М. Николић

Реализација
Аљоша Лазовић

знакови поред пута

Наташа Жижовић
ЋЕЛИЈА

песме

Рад | Београд
    | 2000

ПЛАВЕТ

У мраку, док бејах будан и сам
помислио сам да ми коса није потребна.
Покушавао сам да замислим своје лице
без тог тамног оквира,
свој голи потиљак, теме.

Жене секу косу у јеку жалости.
Такав је, понегде, обичај.
Али ја хоћу да се обријем.
Можда бих имао јаснију слику
о себи.

Понекад се песницама ударам по глави
тек да опазим промену – бол ме уверава
да постојим. Иначе, само сам плавет
што се разлива.

Потом се дуго извињавам себи.
Скрушен и нежан.
Ропћем.

СНАГА

Мрзели смо таписерије
на њиховим грудима. Неко би
рекао да је то знак изразите
мушкости. Био је то тек коментар
уз пиво које нам није пријало.
Мајка је отпутовала, отац спава.
У мојој соби влада чудна атмосфера.
Неравномерно жут тапет са искиданим
кончићима који висе, слика уморне
поворке на зиду, слика дрвета.
Бледа светиљка уз коју се налази
моја фотографија када сам имала
три године. Сада ми је 24.
Ми смо вршњаци и држимо се за руке.
Покаткад се погледамо, осмехнемо
једно другом. Ћутимо, то траје.
Никада нећемо имати довољно времена
да опазимо знаке старости. У томе је
сва наша снага.

ЗИД

Некада је радила у Либији,
слободне часове проводећи у интернату
са осталим медицинским радницима.
Потом је живела са сином,
често су се свађали. Повремено
би дошао пијан кући. А моја сусетка,
како сама каже, не уме да прећути.
Добила је батине. Одселила се.
Сада је сама.

То ми дошаптава са хоклице,
нагнута преко прозора.
Пружа ми своје фотографије –
крајолике, пријатеље, љубавнике... И
принцес-крофне које не волим
као ни њене позиве.

Када прозор затворим чујем њен
суви кашаљ. Видим њен кревет,
чашу дополa насуту водом.
И њено тело како се бори са сном.

ТАМО ГДЕ НЕСТАЈЕ СТРАХ

(Јелениним сенима)

Свеприсутност боја,
твоји аутопортрети.
Различити. Као ти.
Ја овог пута правим
некакву изложбу. За себе.
Замисли – your majesty,
пољубац пред књижевно вече.
Риба и хлеб. Твој црвени џемпер
и осмех подстакнут рефлекторима –
сулуд и вампирски.
Живот и Смрт. Забава.
„Мала ноћна музика."
Тако ти се приближавам
вечерас – уз вино и облаке.

СТЕЦИШТЕ

Сећам се да су кућу градили
у дворишту где постојаше
још једна кућа у којој је моја
породица живела.
Када би мајстори одложили алат,
увлачила бих се тајно међу,
тек омалтерисане, зидине.
Поглед на дрворед, у полутами.
Густи сплетови. Мирис липе,
трешњин цвет.
Само ме бетон могао чути.
Стециште би увек нудило одговор –
обећавало дворац.
Пружало моћ челика.
Не реметећи затишје,
мирно бих се вратила оцу и мајци.

ГРОТЕСКНЕ ФИГУРЕ

Небеса су довољно плава и светла,
ништа нам то не значи. Сваки пут
сусрећем друкчију слику – од распореда
разнобојног стакла. Пантерски покрети.
Замислила сам да умем да певам –
на пијаци или уз доручак. Знала бих
да се крећем планетаријумом.
Сањао сам како ме пајаци вуку,
тело ми беше модро. Како сада лепо
изгледају табле које нисам успео да прегризем.
Помислих да могу бити ТИ. Али већ јесам:
сувопарна чињеница, подеран плакат,
сама апстракција. Зар се сунце због нас шири?
Видео сам беле заставе. Понижени могу бити
и пси. Време нам није помогло – прхнуо дим
и мирис трулежи као лахор овог пролећа.
Тренутак нас чини – погрешно схваћен.
Изрезбарена сам и наказна. Да не бих плакао,
идиотски се церим. Ни женско ни мушко.
Овде и тамо. Никоме нећу припасти јер је чаура
најсигурнија. Не знам када сам чуо пуцањ.
Видим мртво тело, човеколике лешинаре.
Да не бих цвилела, смислићу већ нешто.
Губавци уз чај. Црни екрани.
Игре ми нису потребне. Само да престанем
да мислим на тебе, да се белина појави.
Таква ми се јави. Прекриј ме што пре.

РУДОЛФ

Б. спава, и не слути
како јутро може изгледати –
ветрић, пламен, заставе.
Јутро – кора наранџе.
Под липом. Кафа се пуши.
Човек се утапа у прву јутарњу
вест. Прште новински листови –
лажи које јутро подноси.

Не осврће се јутро док одлази.
Напустиће и онога коме значи:
мирис лаванде, поље мака.
Онога који Га је преспавао,
упамтио, дочарао; претопио се.

Н. не спава. Ложи се на витамине
и пешчане обале.
Н. нема шта да памти.
Незрела, охола, амбициозна.
Н. је срдачан мушкарац.
Осмехује се. Смрт клија
у њеним одајама. Спира
прашину с тешких предмета.
Размишља о Сунцу – извору безнађа.

Када бих имао довољно снаге
свакако да бих био Рудолф.

Неми филм.
Игра у којој је сагорела
његова љубавница –
нису се довољно познавали.
Избегавали су свако виђење.
В. је волео фантома.
Она је волела сенке.
Њихов заједнички живот
пратило је лишће чемпреса;
ветар је секао тишину.

Потомак – Хајдук.
Живахност. Стециште.
Лејди. Тренутак –
помислиће на нас
и наставити да сања:
среће у његовим рукама.

(Непроспавана ноћ.
Сунчан дан. Рубље
на жицама. Сељак коси.)

Незадовољан, ето, видовит је. Н.,
умеш да опазиш календарски ток?
Пријатељи те позивају,
и камење то исто чини.
Сачувај ме од себе.
Шире се липини пупољци.
Cordell – понављам –
и надам се да си већ
у свету који покушавам
да створим.

Верујем јер је бесмислено.
Волим јер је срамотно
и недостојно.

– Олдос Хаксли.
Експеримент.
Anhalonium lewinii –
кунић у заносу.

Н. је Поезијин муж.
Гинуо би за њу –
заклиње се.
Спретност.
Спремност.

Изобиље. Ране.
Беда. Мелеми.
Каква је моја крв? Крик?
Све си погрешно схватила.
Ево, миран сам.
Лечио сам те лагано –
кувао кантарион и жалфију
да бих те лакше носио.
Вукао сам руке по твојој коси.
Пред полазак ми ниси дозволила
да те пољубим.
Пљунула си ме.
И тада сам ти био драг.

ГОСТ

Ми већ годинама не живимо заједно,
ни лепо ни ружно
ни са ким не делим.

Лавеж пред кишу – пси већ изгледају
озебло. Пратим их погледом;
с прозора размишљам о њиховим
наумима. Ролетна је спуштена
до пола. Моја глава прска,
ја ионако не видим добро!
Пауци ми праве друштво,
звуци из сусеткиног стана:
(ТВ, небулозне приче...)
Боље да не чујем.
И нећу.

Да, да.
Литература.
Једном сам записао да још
једино у њој могу живети;
а сада видим –
DOLCE VITA.
Повраћати и урликати.

Некада смо живели у Сент Луису;
1973. Отац је држао Калкулус
на Вашингтон универзитету.

Мајка је имала 23.
Њени кораци, мириси младе жене.
Лепота коју нисам престао да ишчекујем.
Унезверен дечко отуђио је мајчину шминку.
Фотка: жиг на мом образу –
игра коју стално понављам.

Сада имам више година но моја
мајка у оном часу и засигурно
знам да не могу постати отац –

Отац и мајка ћуте.
Свако пребива свој сан у собама
које више нико не посећује.
Ја сам залутали гост у
нашим раштрканим кућама.
Испред прозора сваке од њих
чујем како пуца бетон;
дебили се уљудно смешкају.

ОПЕРАЦИЈА

Било је прохладно тог јутра
када су кренули у болницу.
Обоје озбиљни. Он је пратилац –
виче на њу.
Она нервозно пуши.
Покушава да га смири.
Одлази у операциону салу.
Буди се. Облачи своју мини сукњу.
Ходајући замишља да су обоје
манекени. На писти. Грли га.
Каже му да је готово.
Смеши се. Заједно одлазе
његовој кући.

ДОМ

Истерала је невенчаног мужа
из своје куће.
Сама радила, стекла... и
више не може о њему да се стара
јер је болесна. Срце, зглобови.

Ове године није ни двапут легао
са мном – рекла је тетка Драга
након што је Љубишу отпратила
у старачки дом.

ВАМПИР

Заправо ја те не зовем.
Ти мрмљаш а ја се плашим да ме не одају
кучићи. Сусед управо мајсторише бургијом.
Звуци се поклапају. Ћутање је
сударање наших истоветних питања,
и одговор. Нема више игре узнемирених
молекула што се међусобно прождиру –
озбиљан је подстрек за даљи преговор.
Сцену свршетка добро познајемо
и ваља је изнова поновити.

„ Нема везе", рекао сам октобра '92,
при повратку у наше, већ оштећено, легло.
(Истог месеца сазнали смо нешто о марији.)
Њене, киселином оштећене, длаке ваљале су се
по књигама. Ушла је у наше животе као анаграм,
и сувише истрошен посед. Кокетирање.
Обећавши јој још једну ноћ, прокоментарисао си
да не постоји. И прича је постала бела – глатка
као раме једне проститутке у Москви.

Тих година држали смо се за руке покушавајући
да симулирамо живот у двоје: оданост пацова
и одлука о избору сутрашњег јеловника.
Смешни су били покушаји да се уклоне остаци
мистерије дувањем у празно. Много пута бих
одлазио замишљајући узаврели град

који би обећавао све што ми је недостајало.
Маштовитости, маштовитости, ах!
Не успевши да га разбијем враћао бих се,
сводови би се поново вртели.
Град – вихор од кога се бежало. Жена
у жутом. Жена – бркајлија
који је покушао да нам угрози апетит,
како се само преварио!
Требало је то доказати.

Наши презрени љубимци легли су између нас
шушкајући језицима, подсећајући да је на њих
дошао ред. И тада си рекао: „ Лепа си,
али са вампирима сам био много мирнији –
овако завршиˮ!

СТАТУЕ

Осмех је на лицу Бога лихвара –
предајем му давно уснули
сан и срџбу.

Млеко и мед. Светлост обасјава увек
исти део собе. Леви режањ мозга
развијенији је од десног. Medium Coeli,
месец у рибама. Записано.

Нисам ли плакао дуго, можда,
због птице која прелеће
оба краја мога прозора?
Плакао сам,
свагда ми је бивало тешко.

Мајка је дошла, обрисала паучину,
уништила гамад рекавши –
као да те нисам родила ја.
Помислио сам да лаже
када ме није познала.
Помислио сам – ЗАВЕРА.
Ноге су ми утрнуле,
уморно ми је тело.

Тачка пресека, гравитациони закони
нису ме превише дотицали.
Нисам био пожељан учесник

у трибини поводом нечијег рођења.
Понављао сам да сам мртав.

Небески свод крвари.
Каква је моја душа
када је стално резбарим, кројим,
састављам? Плећа се шире.
Нивои до којих се тама спушта.
Моја је плима и осека. Европа.
Индија. О. Паз. Врати се и одлази.
Врати се.
Поновићу да *желим да се вратиш*.

Чуо сам да си ме звао.
Ниси се усудио да ми приђеш.
Замишљен си. Далек.
Видим да си исклесан.
Бело је свагда око нас.

Прљаво посуђе, смеће, дим, влага.
Написаћу песму о тесној ципели:
Радује ме што не можеш да ходаш.
Осматрај. Трчиш вазда по себи.
Посматрај моју кожу.
Неко је и због мене умро.
Жао ми је што ти сметам...

Када завршаваш мој портрет Ј.?
Желео сам да те пољубим у клубу,
око поноћи. Питала си ме –
шта ради М. М. између Богарта и Дина?
Рекох да се досађује.

На рубу памети
док се присећам пријатеља
рекао бих СВЕТ, СВЕТ –
пожелевши поново Пут.

Опет ми измичеш. Узимам змијски отров,
но не умирем довољно.
На путу за Б. Рекох да су твоје руке лепе.
Слика носи печат. Б. је престао бити Б.
Били смо само МИ. Тако се и Град звао.

Могао бих се селити.
Могао бих да градим неког другог
уместо себе, тебе – јер нас више нема?
Могао бих отићи у хотел, дошуњати се
преко ружичастих застора до собе.
И овог пута мислим на Петронија.
Бромазепам, Мартини, Benson & Hedges.
Чекати. У соби 506.

DÈJÁ VU

„ Не могу да заспим.
Око мене настаје
велика несрећа."

Опис мог блаженства,
опис мог замирања:
попут Месеца сам.
Повремено ми се чини
да лудим.
Сунце ми је тешко,
буђење ме умара;
тржнице препуне парадајза
и сира. Живот. Црни туш.

    Реке. Градови.
    Хорде. Слонови.
        Сунце.

Сунце обасјава озарена лица,
њихове акт-ташне,
сисе и стомачине.
Њихове буреке.
И оне што цвокоћу:
„Тражим Динар.
Мој макро је иза ћошка."

        Сунце.

Сунце је полтрон.
И електрика.
И Тесла.
Нећу да знам,
нећу да гледам.
Нека ми се Градови јављају у сну.
Нека у њима пребивам.
Тамо где речи нису довољне...
Као вечни сан.
Распознавање.

СУМРАК

У полумраку, из празне собе
која је део мале болнице,
дакле, собе у којој нема
кревета, чаршава ни људи –
посматрамо дрвеће.

Касно је поподне, јесење.
Улица је мокра, влага
у ваздуху. Питаш ме
да ли видим кућу наспрам
нашег паучинастог прозора,
велику жуту кућу
коју заклања дрвеће,
и још понешто...
А ја не успевам.

Кажем: увело лишће, блато.
Тело мртвог пса –
кости, кожа.

СЕБАСТИАН

*(И Џон Беримен је
говорио о лепоти)*

Дан одмиче. Дан – called me Sebastian.
Плакао бих ове ноћи – недостају ми сузе.
Шта ми, заправо, недостаје? Хајде, реци.
Самоћа је туп одраз телета, врат испод
сечива. Несаница није само мој проблем.
Телеће очи имам, мајко, да могу да посматрам
пејзаже – људи гуменим рукавицама ваде лук.
То се дешава, углавном, изјутра;
крекетање из ближње мочваре
сасвим добро чујем, и мислим на папрат,
алге, изнова пробуђену шуму...
Моја трпеза је препуна – лица с маскама.
Заиста немам никакав апетит,
о томе брину наши Очеви.
Живот је позориште. Вребао бих те
кроз свакојака стакла и понекад ми успева
да те замислим осмислим, коначно, створим.
                       Мислим на онај негдањи
                                    лик.
Маске нам, дакле, не пристају,
све нам лагано одлази –
словца, горки сокови, крвави испљувци...
И босе девојчице што разносе шарене букете
и нечему још увек верују...

ГАВРАН

Где да те сакријем?
Соба је истурила своје тело
за поноћни обред, вампирски.
И овај пут од зида до зида
кратак је колико и нечији живот.
Понеки посмртни остатак зашијем;
у срце – можда баш сада умирем.

Да ли то кревет жуди за телима
или сувишне птице са извесним
напором заклањају небо?
Погледај шта се крије иза –
Антонен Арто. Хлорал. Жути чаршав.
Ко приноси жртву гнезду
за заједничку молитву?

ИНФУЗИЈА

Црно пролеће. Мељу, мељу звезде.
Мој мозак – јасно могу да видим.
Мојих прстију нема. У Васиони
се губи моје име и презиме.

Наташа Жижовић.
Астрално тело.
Бели медвед.
Шкорпија.

Присутан сам као травка.
Змај сам кога су родила
болесна, неурачуњива деца.

Па ме пусти низ реку
да мало пливам!
Дај ми још једну инфузију –
и гвожђа ми је мало.
X_2SO_4.

Ево, управо долазим – натечен
од суза и спавања.
STRAWBERRY FIELDS.
Да ли желим
да будем потпуно
заборављен?
(Заборавио сам што је Поезија.)

А тек живот?
Све о људима и шакалима;
у вашим вашљивим енциклопедијама –
наравно да не желим ништа!

УСУД И ХЛЕБ

I

Знам да нисам напуштен –
око мене је поредак, неред:
моје књиге, моја поезија.
Данима глуварим у кревету.
Мој поглед се креће
од прозора до фрижидера
па натраг – у себе.
Не умем да славим живот
јер у њему не учествујем.
Изгнанство је мој усуд и хлеб.
Сећам се мојих пријатеља
брбљања о ко зна чему
дани су одмицали
у нашим дугим шетњама
узмицао сам омами
литерарног крчкања
не хајући за срећу.
А срећа – шта је?
Нисам научио.
Тренутке памтим, неке бих
желео да сам давно заборавио;
да свест постане tabula rasa –
без трансценденције, категорија,
императива... док мрвим жуту таблету
која на кратко превари космос.

Ја хоћу Мир,
слепа је Воља;
јунаци понекад бивају скрушени.

II

Сатима сам седео у
купатилу као дете.
Осећао сам се слободним
у четири метра квадратна.
У таквим часовима
нико ме и није дирао:
(мисле да пишаш,
а ти размишљаш.)
Огледало посматра човека.
Пустиш чесму, ослушкујеш ритам...
Моји снови јесу разуларени блуз.
Мој лик се разлива.
Мој лик је смрскан.
Али и то пролази.
Тако, изнова. Састављен,
увек сам мислио на своје Старатеље:
Библиотека, Сутон, Вода;
Животиње јер сам Животиња.
Преживљавам –
ни слободан, ни стрпљив.

КАДА ТЕ ВИДИМ

Враћамо се заједно кући.
Ти посрћеш на једну,
ја на другу страну –
и тако се добро слажемо.

Остало наслућујем.
Не желим да знам,
бринем се.

АРСЕН ЛУПЕН, *come back*

Светлост великог града.
Чудесни путеви, ноћас, воде чудесне људе.
Dance из суседства, прозор отворен,
нервозан сам. Дечак пред мојим вратима
понавља: „Пусти ме, пусти, молим те..."
Пре пар месеци ме је покрао, али сам
наставио да се виђам са њим –
водили смо љубав, скакутали.
Читав дан – наш дан.
Гласне расправе о сексу. У кафани
„Шаран", често смо остајали дужни.
Пио је сок, ја пиво.
Људи су чуљили уши, буљили,
окретали се за нама... Тукао ме је
и тукао сам га. Било где и било кад.
Тако смо се празнили, а богме и уживали.
Две магичне енергије.
Две огрезле сподобе.

Нисам му отворио врата.
Никада више нисам се сусрео са њим.

СЛОН

Сан моје жене је да има
креативног човека.
Да се мазе и певају
разумевајући сакралну игру –
перверзије, точкове, житан...

Када се паре, слонови улазе
једни другима под кожу.
И увек се зна када умиру:
тромо, задовољно, снажно.

СЕАНСА

– Плашим се да не искочим кроз прозор!
– Да ли је то страх од лудила
 или страх од страха?
– Не знам. Зар се Ви ничега не плашите?
– Ја сам психијатар.

LINK

Синоћ сам је тражио гневно покушавајући
да одагнам такву мисао. Сајам књига.
Неки нови наслови, неки лоши наслови.
Пљескавице и пиво. Људи, људи,
залутали мрави. Чуо сам:
I'm gonna leave you,
и пожелео да скочим са трећег свратишта.
Вртело ми се у глави.
Било је пуно, свакако нечега.
Не сећам се чега.
Мислим да сам био леп.
Ионако пао бих на друго,
прво свратиште – не у сам центар.
Не на дно.

БУБА

Посматрам је. Сетих се
да је то била прва реч
коју сам изговорила док ме
је мајка држала крај прозора.
Радујем се вечерас, мислим на ту
необичну посету инсекта чије друго
име не познајем. Довољно је да ми се допада,
да је лепа: заносно маше црвенкастим крилима.
Бубица је бубица, има свој пут и можда
није случајно баш на мом прозору.
Слободна да ме посети, одлепрша.
Можда се поново врати. Можда не.

ЗЕМЉИ

Можда бих у теби заспао,
крвав и снен. Понављам: можда.
Нада је сан коју распршује твој ветар,
али је и гуши. Мислим да имам дом и домовину,
па ипак не знам ко сам – болан је утисак.
Небо и ваздух свима приличе. Још увек се сећам
Хераклита – да ли је хармонија у кружењу?
Никада нећу сазнати ништа о хармонији
све док будем наслућивао ракетну музику.
Склад не постоји, превирања су неизбежна.
Ни фантазме нам не помажу. Наше књиге
одолевају, век за веком, све нас је мање.
Твоје дивљење ми ништа не значи
као ни твоја мрка традиција,
сензибилан лоповлук.
Зато одлазим – хитро и весело –
као што ти се увек враћам.
Жеља да се скријем истоветна је
жељи да будем на нишану –
увек са љубљеним, увек са човеком.
Са језиком који трепери као јасика,
као неоткривена поезија.

РАТНИЦИ

Не би ме изненадило да у твојој соби
пронађем пиштољ – рекла је моја мајка
пре десетак година. Налик на нанизане
труле трешње – године тлапње,
маневара, учења.
Моји *пороци* имају своју генезу –
учитан генетски код, зацртана мушка линија.

Деда Р. је ратовао и робовао у немачком
логору. Мувајући се са једном Швабицом,
савладао је брзо немачки. Страст према
језицима није га напуштала – пред смрт
је учио шпански и потајно циркао.

О. и ја пркосисмо свим ратовима, сахранама
као и (не)природним непогодама. Овако:
пишемо шаљиве приче, гајимо поврће,
у паузама, играмо карте и пијемо пиво.
Смешимо се нашим лепим строгим женама.
И причамо о којечему. Природно и витешки
држим се, деда, онако како си ме учио,
онако како би волео.

27. сеп. '99.

ТРИСТЕСА, ГЛАДИЈАТОР

Твој поглед – снен, занесен; лењи призори.
Улице, прозори, капије, куће, облаци, дрвеће,
трава, олуци, смеће... Бескрајни призори.
Топлота јежевих срдаца – нерођена су деца,
најлепша и најбезазленија.
Крв, номади, песак су твоји пријатељи.
Дала си ми талисман рекавши да ће ми, можда,
донети срећу: црвено, жуто, плаво...
Краци су се укрштали док сам буљио
у перлице. Твој лик се втрео, леп и спокојан.
Живот те не дира. Не одупиреш се, не желиш,
нећеш. Ходаш. Достојанствена и кад изгараш.
Постојано чекаш оно што мора доћи.

У ВЛАСТИ

Жена му се преудала,
од тада је матори пролупао –
каже ми моја другарица
док стојимо испред пиљарнице „Бамби".
Лице тог човека не одаје тугу
док приноси флашу устима,
његови покрети изазивају гађење.
Помислих да је разлаз са женом
тек изговор одавно потонулог алкоса.
Чух само незграпан неартикулисан говор,
брундање одрпаног медведа.
Клинци му се смеју, смеје се и он њима.
Полулудак, полуидиот.
Чист према себи и свету,
у власти полусвета:
срамног и ништавног.

„ЕЛИКСИРИЈА"

Земља – поновио сам више пута.
Када кажем *земља,* мислим на грумен,
изданке, дакле, природу коју могу
чинити и људи. Одричем се своје постојаности
и сваке земље у име фантазми, призора који могу
бити лепи само у мени –
сличице о којима бих да говорим.
И верујем пределима
које никад нећу посетити,
земљи по којој нећу ходати:
њеним прастановницима,
њеном корову, семену и плоду.

ПОГЛЕДИ

Испред цркве, последње припреме за венчање.
Свадба је угледна, грађанска – трубачи, шљокице,
одасвуд пршти сјај...
Међу позванима сам и ја.
Обзир према ближњима чини ме
итекако рањивом! Дан се протеже.
Сенке се преклапају са смрекама,
смреке заклањају сенке –
(можда се и оне веселе!)
Испред олтара је човек. Крваве одсутне очи.
Лице огрубело. Мутни предео, презрив.
Погледи су нам се сусрели.
Погледах горе, према небу –
млазњак је остављао варалачки траг.

РИТУАЛНИ ПЛЕС

I

Желео бих да те додирнем –
дугачко и јасно. Да уђем кроз тебе
и изађем ти на пупак.
Да затворим врата
и више се никад не вратим.

II

Последња сеанса разума.
Индијанац, маг.
Поприште, оргазам.

Интуиција – нећеш ме преварити.
Луђи сам од тебе, деструктивнији.
Веруј ми, нећу ти спалити кућу...

III

Ево, поново те видим, чини се
да ми досађујеш, сплеткариш, сплеткариш.
И орлова крила и слонове кости,
прихватио сам многе материје и учења,
можда постао мудрији. Зато бежи од мене,
што пре. Предајмо се самоћи уз видео клипове,
наставимо поигравање. Ти си ловац и плен.
Ја сам споменик. Све за Славу и све без Славе.
Мрестило се живело, свеједно, умирало сневало.
Моје стреле остају отровне. Твоје хрле врлинама.
Не могу да те дозовем. Управо водим љубав
преко интернета.

IV

Месец је дебео, врео и ћудљив.
Не могу да заспим. Полудећу
као самац. Непокретан, под
коцкастим ћебетом умирем лагано.
Зашто се већ једном не јавиш?
Моја су хтења –
сан, хлеб и со. ТИ.

ТРЕЊЕ

Људи су му се гадили.
Замишљао их је као сивкасте мраве
који гмижу по његовим удовима,
лагано боцкају његову кожу, сишу му крв.
Да, они вечито нешто граде, прибављају, руше.
Створити и убити – можебити да је замисао
божја. А шта ће преостати од његових сокова –
бринуо се. Тело му се повремено тресло,
поглед премештао из једног ћошка у други.
Хтео је да урла. Није смео да направи звук,
покрет. Хтео је да назове мајку и каже јој
да је све у реду.

ГРАНИЦА

Пиши, последњи пут
нек цркну дамари,
не могу да ходам.
Човек који не обећава.
„У власти страсти" –
Афадова племенита љубав,
племенска жртва. Секта краљева.
Пиши последњи пут, пиши.
Видиш олово – тако изгледа
моја прошлост са ликовима
пуним злобе, љубави, неизвесности.
Смеђе се точило, пило лагано
наискап, до дна.
Потом су се цедили сокови,
не знам да ли ми је било добро.
Бејах спреман, приправан.
У томе је био занос.
Лажни краљеви, лажни сабеседници.
Коцках се, мењах мумије,
изгазих многе не-личности.
„Да ли је крај мој дивни пријатељу?
Када музика престане..."
Превише сити, уморни.
Точкови. Точкови.
ЦНС. Па издржи тај
горки став небивања
без позива, без одговора,

ал' молим страсно!
И ево ме где се свестрано
опирем! Зашто ме ниси убио
када си хтео, носио жртву
под ребром – жрвањ?
Немајући снаге да ме утешиш,
водиш, сачуваш – пустио си ме
да не знам ко сам!
Блиски гмизавци.
Блиске реке.
Офелије одасвуд.
Избор тако глупаво звучи –
моје и његове срасле кости;
а не могу да му кажем да га волим.
Чиним ипак баш то.
У негацији.
У видовитости.
У истом жрвњу што се
живот зове.
Мој је огањ. Моја реч.
Моја самоћа. Моји мајмуни.
Дворске луде послужују мињоне –
сасвим угодно оца уплићем међу наркомане.
Наркомани од мене беже.
Ти си већ бескрван.
Гадиш ми се. Промењен. Измет.
А верујеш у нас и у пепео.
Како да ти предочим овакву љубав?

КРВ

Нечујно клепетање ветра.
Олуја. Извитоперена прашина.
Зграде се њишу,
градови урушавају.
Моје срце још увек куца.
Убрзано, наравно.
И то двојство –
        наш дух
        наш лик
        наш град
        наша крв
чини да могу све да разорим
и све створим, и оставим те
у ћутњи, преиспитивању?

Како не могу да побегнем?

НОВЕМБАР, ШЕТЊА

Пада први снег на
моју лудачку кошуљу.
Кругови ме омамљују,
двориште канда спутава.
За главу не бринем;
већ сам мокар, узавлео.

Тако меко,
сливају се
капи млека
из сисе небеске.

DETAH IS LIFE & LITERATURE

Д. Кишу,

„*... Dal sonno alla morte è un picciol varco.*"

TASSO

Није остало ништа,
(пишем и говорим на страном језику),
од јабуке лимуна павлаке
злогласних оставштина – тв дневника
болесних испљувака – крвавих
креветских чаршава.
Зашто да жалим за тим?
Није остало ништа од тишине додира
пробраних француских вина вињака
сира и зрневља грожђа.
Све је било ПОЕЗИЈА.
Изување. Тајно свлачење. Егзибиционизам
у купатилу, под тушем.
Све је било све.
И улице, и пијаце. Монденски намештај,
старине. Црквене амајлије.
Све је било ништа.
Одласци у болнице, и то дуго чекање.
Benson & Hedges. Чекање.
Срећан исход свео се на очекивање
новорођеног певача. Ми певамо –
лењи и дрски. У аутобусима, обавезно,
навлачимо рукавице. У таксијима се волимо
најнежније. У кући не постојимо. Духови.
Дим нам већ увелико пристаје;
тек у кафанама разговарамо озбиљно.
Власи су нам замршене и истанчане.
Коже срасле.

Зашто смрт, побогу?
Мрзим кад водиш живот, а и ја
истоветан сам ратник – курвар и хохштаплер.
Зашто се сећам – CORDELL. Куване траве.
Ситниш за доручак. Улица Балканска.
И очи срасле. И треће око.
И четврто, и пето, шесто, девето...
Када причам о бифтеку, помислим на зејтин.
Тако је и са тим очима. Уље је уље,
оно не уме да вара. Материје, предмети –
све ми је то блиско. Но, наша чврстина
је змијолика. ALEA. Срећни у секундама,
волимо људе и природу. „Боже сачувај."
Ступамо у Бодлеров ПРЕЂАШЊИ ЖИВОТ –
лишће палми, спокојне страсти, плаветнило;
загрљај – болна тајна. Познати кодови,
али и валови, мимоходи, слатки спроводи.
Гледајући наше лице, признадох,
подерао сам сопствено. Наказо, наказо –
говорио сам ти. А огледало је створено
да воли, поклања различите утиске.
Па да ли је то наше лице?
Да је Платон жив, сигуран сам
да би нам веровао;
дао би нам потврдан одговор. И рекао би 1.
И рекао би 10. И рекао би ТИ.
Мислио сам на тетребе и још понеке
необичне птице. Време проводио у коми
вртећи бројаницу, мозак. Видљив преображај –
постадох леп озлоглашен младић.
Живахан леш. Окрутан и уморан
кренуо сам у штампарију.
Црвена и плава слова поигравала су се испред.
Испред чега? Идеје су биле устајале,
већ су кренуле у лакому проституцију.
Као предани алхемичар смишљао сам
нову приповест. О скаредном сазнању,

обистињеном сну. Н. је умро '91,
једне пролећне ноћи. Време је ћутало,
ћилим се њихао. Мислим да га још увек знам,
чујем понекад: вришти или се смеје. Углавном
је спокојан; ноћу нас целива.
Потом сам угледао наш рукопис, мој рукопис:
црвени сомот и жилет. Из даљине допирао је
                                                  плач.

*
* *

Најзад ћу распорити своје срце.
Ослободићу се прашине и ларви.
Узећу Књигу, закључаћу врата.
Још мало гледаћу кроз прозор.

БЕЛЕШКА О ПЕСНИКУ

Наташа Жижовић је рођена 30. јула 1972. у Чачку.

Објавила је књигу песама *Кожа* (Матица српска, 1996; награда „Бранко Радичевић").

Живи у Београду.

Фотографија
БРАНКО ЦВЕТИЋ

САДРЖАЈ

Плавет 5
Снага 6
Зид 7
Тамо где нестаје страх 8
Стециште 9
Гротескне фигуре 10
Рудолф 11
Гост 14
Операција 16
Дом 17
Вампир 18
Статуе 20
Dèjá vu 23
Сумрак 25
Себастиан 26
Гавран 27
Инфузија 28
Усуд и хлеб (I, II) 30
Када те видим 32
Arsen Lupen, *come back* 33
Слон 34
Сеанса 35
Link 36
Буба 37
Земљи 38
Ратници 39
Тристеса, Гладијатор 40

У власти	41
„Еликсирија"	42
Погледи	43
Ритуални плес (I, II, III, IV)	44
Трење	48
Граница	49
Крв	51
Новембар, Шетња	52
Death is life & literature	53
(Најзад ћу распорити своје срце)	56
Белешка о песнику	57

Наташа Жижовић
ЋЕЛИЈА

*

Главни уредник
НОВИЦА ТАДИЋ

*

Рецензент
ГОЈКО БОЖОВИЋ

*

Лектор и коректор
МИРОСЛАВА СТОЈКОВИЋ

*

Издавач
И П РАД
Београд, Дечанска 12

*

За издавача
СИМОН СИМОНОВИЋ

*

Припрема текста
Графички студио РАД

*

Штампа
СПРИНТ
Београд

CIP – Каталогизација у публикацији
Народна библиотека Србије, Београд

886.1-1

ЖИЖОВИЋ, Наташа

    Ћелија / Наташа Жижовић. – Београд : Рад, 2000 (Београд : Спринт). – 62 стр. ; 20 cm. – (Знакови поред пута)

Белешка о песнику: стр. 57.
ISBN 86-09-00668-9

ИД=81003020

www.ingramcontent.com/pod-product-compliance
Lightning Source LLC
Chambersburg PA
CBHW072016060426
42446CB00043B/2567